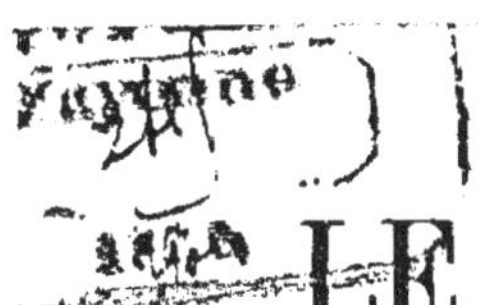

LE SOCIALISME

ET

LES INTELLECTUELS

PAR

PAUL LAFARGUE

Prix : 0 fr. 20

PARIS
V. GIARD & E. BRIÈRE
LIBRAIRES-ÉDITEURS
16, Rue Soufflot, 16

1900

LE SOCIALISME

ET

LES INTELLECTUELS

PAR

PAUL LAFARGUE

PRIX : 0 FR. 20

PARIS

V. GIARD & E. BRIÈRE
LIBRAIRES-ÉDITEURS
16, Rue Soufflot, 16

1900

LE SOCIALISME & LES INTELLECTUELS

Conférence faite à l'Hôtel des Sociétés savantes, le vendredi 23 mars 1900, dans la réunion organisée par le Groupe d'Étudiants collectivistes adhérents au P. O. F., par Paul LAFARGUE.

Citoyennes et Citoyens,

Je me félicite de faire cette conférence sous la présidence de Vaillant, parce qu'elle est un gage de l'union étroite et durable de nos deux organisations et parce que Vaillant est un des intellectuels du parti socialiste : il est sans contredit le plus savant des socialistes français et peut-être des socialistes européens, maintenant que Marx, Engels et Lawroff ne sont plus parmi nous.

I

Le groupe des Etudiants collectivistes, qui a organisé cette conférence, a été amené à choisir ce sujet, parce que le socialisme français vient de traverser une crise qui n'est pas précisément de croissance, quoi qu'on ait dit, mais qui a été causée par l'arrivée d'un certain nombre d'intellectuels bourgeois dans les rangs du Parti : il est donc intéressant de s'enquérir de la situation des intellectuels dans la société capitaliste, de leur rôle historique depuis la Révolution de 1789 et de la façon dont la Bourgeoisie a tenu les promesses qu'elle leur avait faites, alors qu'elle luttait contre l'aristocratie.

Le XVIIIe siècle fut le siècle de la raison : tout, religion, philosophie, science, politique, privilèges de classes, d'état, de corporations, fut soumis à son impitoyable critique. Jamais dans l'histoire il n'y avait eu une telle fermentation d'idées et une telle préparation révolutionnaire des têtes. Mirabeau, qui lui-même joua un grand rôle dans l'agitation idéologique, pouvait avec raison dire dans l'Assemblée nationale : « nous n'avons pas le temps de penser, mais par bonheur, nous avons provision d'idées. » Il ne s'agissait que de les réaliser. La Bourgeoisie, pour récompenser les intellectuels qui avaient travaillé avec tant d'enthousiasme à la venue de sa révolution, leur promit honneurs et faveurs ; l'intelligence et le savoir, ainsi que la vertu, seraient les seuls privilèges de la société qu'elle fondait sur les ruines de l'ancien régime. Les promesses lui coûtaient peu ; elle annonçait à tous les hommes qu'elle leur apportait la joie et le bonheur, avec la Liberté, l'Egalité et la Fraternité, qui, bien que principes éternels, naissaient pour la première fois. Son monde social devait être si nouveau, que bien avant la proclamation de la République, Camille Desmoulins demandait de commencer une ère nouvelle qui prendrait pour point de départ la prise de la Bastille.

Je n'ai pas à vous apprendre l'application que la Bourgeoisie a fait de ces principes éternels que, par cynique raillerie, elle grave au fronton de ses prisons, de ses chiourmes, de ses casernes et de ses ateliers d'Etat :

mais je tiens à rappeler que les tribus sauvages et barbares, non corrompues par la civilisation, vivant sous le régime de la propriété communiste, sans écrire nulle part ces principes éternels, sans même les formuler, les pratiquent d'une manière plus parfaite que jamais n'auraient pu le rêver les bourgeois qui les découvraient en 1789.

Il ne fallut pas longtemps attendre pour être renseigné sur la valeur des promesses de la Bourgeoisie : le jour même qu'elle ouvrait boutique politique, elle commença la banqueroute. L'Assemblée Constituante qui rédigeait les Droits de l'homme et du citoyen et qui proclamait l'Egalité des citoyens devant la loi, discutait et votait, en 1790, une loi électorale établissant l'inégalité devant la loi : n'était électeur que le citoyen *actif* payant en argent une imposition directe équivalant à trois journées de travail et n'était éligible que le citoyen payant une imposition directe d'un *marc d'argent*, soit 55 fr. « Mais avec la loi du marc d'argent, clamèrent Loustalot, Desmoulins et les intellectuels sans biens fonds, Jean-Jacques Rousseau, dont le *Contrat Social* est la Bible de la Révolution, ne serait ni électeur ni éligible ! » La loi électorale écartait du droit politique un nombre si considérable de citoyens, qu'aux élections municipales de 1790, à Paris, ville qui comptait plus d'un demi-million d'habitants, il n'y eut que 12,000 électeurs : Bailly fut élu maire par 10,000 suffrages.

Si les principes éternels n'avaient rien de nouveau, les chatoyantes promesses faites aux intellectuels avaient déjà eu un commencement de réalisation bien avant la venue de la Bourgeoisie au pouvoir. L'Eglise, qui est une démocratie théocratique, ouvre son sein à tous, et tous, pour y entrer, déposent leurs titres et privilèges et tous peuvent aspirer à ses positions les plus élevées ; des papes sont sortis des rangs inférieurs de la société : Sixte-Quint avait été dans sa jeunesse gardeur de pourceaux. L'Eglise du moyen-âge attirait à elle jalousement les intelligences et les savants, cependant elle respectait la volonté de ceux qui désiraient rester laïques, mais étendait sur eux sa protection et ses faveurs : elle leur permettait toutes les hardiesses de la pensée, à la seule condition de conserver les apparences de la foi et de ne pas faire sortir la science de l'enceinte sacrée pour la répandre chez les profanes Ainsi Copernic put écrire et dédier au pape son *Traité sur les révolutions des corps célestes*, où, contrairement à ce qu'enseigne la Bible, il démontre que la terre tourne autour du Soleil, le centre de notre système planétaire. Mais Copernic était chanoine à Frauenbourg et il écrivait en latin. Quand un siècle plus tard, Gallilée, qui n'était pas incorporé au clergé et qui au contraire recherchait la protection des autorités laïques, professa publiquement, à Venise et à Florence, les théories de Copernic, le Vatican étendit sur lui sa terrible main et força l'illustre vieillard à renier sa croyance scientifique. Même après la crise du protestantisme, l'Eglise conserva son libéralisme à l'égard des savants qui lui appartenaient : Mersenne, religieux de l'ordre des Minimes, un des grands géomètres du XVIIe siècle, précurseur et ami de Descartes, correspondait librement avec Hobbes, le père du matérialisme moderne : les notes de l'édition française de *De Cive* contiennent des fragments de cette correspondance.

L'Eglise, en tenant cette conduite libérale, à pu être animée d'un amour désintéressé de la science pure, mais ce qui surtout la préoccupait, c'était l'intérêt de sa domination, elle voulait monopoliser les intelligences et le savoir, ainsi que dans l'antique et théocratique Egypte l'avaient fait les prêtres, auprès de qui les penseurs grecs allèrent chercher les premiers éléments des sciences et de la philosophie.

Ce serait insulter la Bourgeoisie que de lui attribuer un amour désintéressé de la science, qui selon elle n'a qu'une raison d'être : utiliser les forces naturelles pour accroître ses richesses ; elle n'a nul souci de la spéculation pure et c'est à son corps défendant qu'elle laisse ses savants consacrer à des recherches théoriques leur énergie intellectuelle, au lieu de l'épuiser à des applications pratiques. Ce dédain pour la spéculation pure se montre sous une forme philosophique dans le Positivisme d'Auguste Comte, qui incarne si bien l'étroitesse du grossier esprit de la Bourgeoisie.

Mais si la science qui, ne rapporte pas des applications industrielles, n'intéresse pas la Bourgeoisie, sa sollicitude pour les intellectuels ne prend aucun des caractères qu'autrefois avait eu celle de l'Eglise, et nulle part son peu de soucis pour eux ne se manifeste mieux que par la situation devant la loi qui est faite à la propriété matérielle et à la propriété intellectuelle.

La propriété matérielle, quelle que soit son origine, de

par la loi bourgeoise est éternelle : elle est pour toujours assurée à son possesseur, elle se transmet de père en fils jusqu'à la fin des siècles, sans qu'aucun pouvoir civil ou politique puisse porter sur elle une main sacrilège. Nous avons eu dernièrement un exemple caractéristique de cette intangibilité de la propriété matérielle.

Le gardien du sémaphore de Durban transmettait aux Boers des dépêches héliographiques les renseignant sur les navires qui entraient dans le port, sur les hommes, les chevaux et le matériel de guerre qu'ils transportaient ; sa trahison lui rapporta 125,000 francs, qu'en intelligent capitaliste, il déposa à la banque. Les autorités militaires anglaises ont saisi le traitre, l'ont condamné et fusillé, mais elles ont respecté sa propriété si honorablement acquise et sa veuve et son fils en sont aujourd'hui les légitimes possesseurs. La loi, à quelques variations près, étant la même dans tous les pays capitalistes, les choses se passent en France comme en Angleterre. Aucune autorité ne pouvait mettre la main sur la propriété de Bazaine, ni faire dégorger aux Lesseps, Cottu et à leurs familles, les millions qu'ils avaient subtilisés aux *gogos* du Panama.

La légalité qui sacro-sanctifie la propriété matérielle est nouvelle, elle date en France de la Révolution de 1789 ; l'ancien régime, qui avait un mince respect pour ce genre de propriété, autorisait la confiscation des biens du condamné ; et l'abolition de la confiscation est une des premières réformes demandées par les cahiers de Paris et de plusieurs villes de province aux Etats généraux. La Bourgeoisie, en interdisant la confiscation des biens obtenus par des moyens frauduleux et infâmes, proclame que l'origine de sa fortune est toute aussi frauduleuse et infâme que celle des criminels et des traîtres.

La légalité bourgeoise n'a aucune de ces aménités pour la propriété intellectuelle. La propriété littéraire et artistique, la seule que la loi protège, n'a qu'une durée précaire, limitée au vivant de l'écrivain et à un certain temps après sa mort, 50 ans d'après la dernière législation ; ce moment passé, elle devient caduque et tombe dans le domaine public : de sorte qu'à partir de mars de cette année, les éditeurs ont le droit de s'enrichir en publiant les œuvres de Balzac, le génie de la littérature romantique.

La propriété littéraire, si elle intéresse les éditeurs, peu nombreux en définitive, ne rapporte aucun bénéfice à la masse capitaliste ; mais il n'en est pas de même pour la propriété des inventions, qui est d'une importance capitale pour la bourgeoisie industrielle et commerciale toute entière : aussi la loi n'étend sur elle aucune protection. L'inventeur, s'il veut défendre son bien intellectuel contre les pillards bourgeois, doit commencer par acheter ce droit, en prenant un brevet, qu'il doit renouveler tous les ans ; un jour d'incapacité dans le paiement de cet impôt, fait de sa propriété intellectuelle la proie légitime des voleurs de la Bourgeoisie : même en payant, il ne peut que pendant un temps, 14 ans en France, s'assurer ce droit. Et pendant ce court nombre d'années, généralement insuffisant pour faire entrer complètement son invention dans la pratique industrielle, c'est lui, l'inventeur, qui, à ses propres frais, doit mettre en mouvement la loi et la justice contre les pillards bourgeois qui le dépouillent.

La *marque de fabrique*, qui est une propriété bourgeoise n'ayant jamais demandé aucun effort intellectuel, est au contraire indéfiniment protégée par la loi, comme la propriété matérielle.

La Bourgeoisie n'a accordé qu'en rechignant à l'inventeur le droit de défendre sa propriété intellectuelle, car de par son droit de classe régnante, elle se croit maîtresse des fruits du travail intellectuel aussi bien que du travail manuel, comme le seigneur féodal s'arrogeait le droit de possession sur les biens de ses serfs. L'histoire des inventeurs de notre siècle est la monotone histoire de leur dépouillement par les capitalistes ; elle est un long et lugubre martyrologe. L'inventeur, de par son génie, est condamné, lui et sa famille, à la ruine et à la souffrance.

Ce ne sont pas seulement les inventions exigeant de longues et laborieuses recherches, des dépenses considérables pour aboutir et du temps pour être acceptées, qui précipitent l'inventeur dans la géhenne de la pauvreté, mais encore les plus simples, les plus immédiatement applicables et les plus fécondes en riches résultats. Je ne citerai qu'un exemple : il mourait dernièrement à Paris, dans une profonde misère, un homme dont l'invention fait gagner tous les ans des centaines de mille francs et des millions aux Chemins de fer et aux Compagnies minières ; il avait découvert le moyen d'utiliser les collines de poussier de charbon qui encombraient les alentours des gares et des trous de mines, en les convertissant en briquettes aujourd'hui d'un usage courant,

II

La Bourgeoisie capitaliste, la classe la plus révolutionnaire qui ait jamais opprimé les sociétés humaines, ne peut accroître ses richesses qu'en révolutionnant sans-cesse ses moyens de production ; qu'en incorporant sans-cesse à l'outillage industriel, de nouvelles applications des sciences mécaniques, chimiques et physiques. Son besoin d'inventions est si insatiable, qu'elle a créée des fabriques d'inventions. Des capitalistes américains se sont associés afin de construire à Menlo-Park, pour Edison, le plus merveilleux laboratoire du monde, et afin de mettre à sa disposition les savants, les ouvriers d'élite et les moyens matériels nécessaires pour faire et toujours faire des inventions que les capitalistes brevetent, exploitent ou vendent. Edison qui est lui-même un homme d'affaires des plus avisés, a pris des précautions pour s'assurer une partie des bénéfices que rapportent les inventions de Menlo-Park.

Mais tous les inventeurs ne peuvent, ainsi qu'Edison, poser leurs conditions aux capitalistes qui montent des fabriques d'inventions pour les exploiter. La Compagnie Thomson-Houston à Paris, et Siemens à Londres et à Berlin, à côté de leurs ateliers de construction de machines électriques, ont des laboratoires où des ingénieurs sont occupés à rechercher de nouvelles applications de l'électricité ; à Francfort, la fabrique de couleurs d'aniline, la plus colossale du monde, où fut découverte l'antipyrine, cette quinine minérale, salarie plus de cent chimistes pour découvrir de nouveaux produits dans le charbon de terre. Chaque trouvaille est immédiatement brevetée par la maison qui, à titre d'encouragement, donne une gratification à l'inventeur.

On peut jusqu'à un certain point, considérer toutes les fabriques et tous les ateliers, comme des laboratoires d'inventions, car un nombre considérable de perfectionnements de l'outillage mécanique ont été trouvés par des ouvriers durant la marche du travail. L'inventeur n'ayant pas d'argent pour breveter et appliquer sa trouvaille, le patron prend le brevet en son nom et ainsi que le veut la justice bourgeoise, c'est lui qui en récolte tous les bénéfices ; et quand le gouvernement se met en tête de récompenser le talent, c'est le patron qu'il décore ; l'ouvrier inventeur, qui n'est pas un intellectuel, continue à turbiner sous sa cote noire et graisseuse, et comme dans ce monde capitaliste il faut se contenter de peu, il se console de sa misère en se disant que son invention rapporte bénéfices et honneurs au patron.

La Bourgeoisie qui, pour accroître ses biens, a un besoin pressant d'inventions, a un besoin encore plus impérieux d'intellectuels pour surveiller leurs applications et diriger son outillage industriel. Les capitalistes, avant de monter des fabriques d'inventions, avaient organisé des manufactures d'intellectuels. Les Dollfus, les Scherer-Kestner et les autres patrons de l'Alsace, les plus intelligents, les plus philanthropes et par conséquent les plus exploiteurs de la France d'avant la guerre, avaient fondé de leurs deniers, à Mulhouse, des écoles de dessin, de chimie, de physique, où les enfants les plus éveillés de leurs ouvriers étaient gratuitement instruits, afin qu'ils eussent toujours sous la main et à bon compte les capacités intellectuelles que réclamaient le fonctionnement de leurs industries. Le directeur de l'école de Mulhouse détermina, il y a une vingtaine d'années, le Conseil municipal de Paris, à établir l'Ecole de chimie et de physique de la Ville. Au début, je ne sais encore si c'est le cas, les élèves étaient recrutés dans les écoles communales ; ils recevaient gratuitement une éducation supérieure, un déjeuner à midi à l'école et 50 francs par mois pour indemniser les parents des pertes qu'ils éprouvaient du fait que leurs fils n'allaient pas à l'atelier.

Le marquis de Foucault pouvait, à la tribune de l'Assemblée Constituante de 1790, déclarer que « pour être laboureur il n'était pas nécessaire de savoir lire et écrire. » Les nécessités de la production industrielle obligent la Bourgeoisie capitaliste à tenir un tout autre langage ; l'intérêt économique et non l'amour de l'humanité et de la science, l'oblige à encourager et à développer l'instruction primaire et secondaire.

Mais les marchands d'esclaves de la Rome antique étaient, au même titre, partisans de l'instruction. Aux plus intelligents de leur marchandise humaine, ils enseignaient la médecine, la philosophie, la littérature grecque, la musique, les sciences, etc. L'éducation de l'esclave augmentait sa valeur vénale. L'esclave cuisinier était vendu plus cher que l'esclave médecin, philosophe ou littérateur. De nos jours il en est encore ainsi, les gros capitalistes paient plus cher leurs chefs de cuisine que l'Etat salarie les professeurs de faculté, membres de l'Institut. Mais contrairement aux marchands d'esclaves, la Bourgeoisie ne répand l'instruction que pour abaisser la valeur vénale des capacités intellectuelles.

La mythologie grecque raconte que Midas avait le don de transformer tout en or ; la bourgeoisie possède une semblable propriété, elle transforme en marchandise tout ce qu'elle touche : elle a métamorphosé en marchandises les capacités intellectuelles ; on achète des chimistes, des ingénieurs, des latinistes, comme on achète des bourriques et du guano...

Une voix. Et on achète des députés aussi !

Les gens qui n'ont ni suif, ni veau, ni chaussettes à vendre, ont leur conscience et leurs votes, quand ils sont députés, on les leur achète.

Les capacités intellectuelles devenues marchandises doivent subir et subissent le sort des marchandises : quand aux Halles il y a beaucoup d'huîtres le prix des huîtres diminue, mais quand les arrivages sont raréfiés le prix hausse ; quand sur le marché du travail les chimistes et les ingénieurs abondent, le prix des ingénieurs et des chimistes s'abaisse : depuis que l'Ecole centrale, que l'Ecole de physique et de chimie jettent tous les ans sur le pavé de Paris des chimistes par douzaines, leur prix a considérablement baissé. Il y a une vingtaine d'années, le capitaliste payait un chimiste raisonnablement, il lui donnait 5 à 600 francs par mois et l'engageait à l'année. Les patrons qui ont d'autant plus d'égards pour le salarié, qu'ils le paient plus cher, étaient pleins de politesses et de considérations pour leurs chimistes si haut cotés. Mais depuis qu'ils abondent, leur prix est tombé à 200 et 150 francs par mois : dans le Nord ils ne sont pas pris à l'année mais pour la campagne sucrière, qui dure 3 à 4 mois, au bout desquels on les renvoie avec les manœuvres. — Va crever où tu pourras, dit le patron, à l'automne prochain, je sais que je trouverai avec les betteraves, des chimistes pour surveiller leur transformation en sucre.

Les chimistes ne font pas exception ; vous ne savez que trop, que dans toutes les branches, il y a surproduction d'intellectuels et que quand une place est libre, il se présente des dizaines et des centaines pour l'occuper ; et c'est cette presse qui permet aux capitalistes d'abaisser le prix des intellectuels et de le faire descendre souvent au-dessous du salaire de l'ouvrier manuel.

La misère économique est plus dure pour l'intellectuel que pour l'ouvrier ; elle le meurtrit moralement et physiquement. L'ouvrier, bravant dès l'enfance les intempéries et roulant dans la rue et les ateliers, est habitué à supporter les rudesses de la vie ; l'intellectuel élevé dans une serre chaude, s'étiole pendant sa jeunesse, à l'ombre des murs des écoles ; son système nerveux s'hypertrophie, s'affine et acquiert une impresionnabilité maladive : ce que l'ouvrier supporte avec insouciance, l'ébranle douloureusement. L'intellectuel est blessé jusque dans les profondeurs de son être moral par les nécessités de la vie salariée. A salaire égal et même supérieur l'intellectuel est dans une situation économique inférieure à celle de l'ouvrier, qui pour se rendre au travail n'a qu'à passer son bourgeron, tandis que l'intellectuel, quand ce ne serait que pour ne pas offusquer l'œil du patron et de ses chefs avec qui il est constamment en contact est astreint à une tenue coûteuse, et même élégante. Il économise sur la nourriture ce qu'il est forcé de dépenser pour le vêtement.

Les capitalistes ont abaissé les intellectuels au-dessous du niveau économique des ouvriers manuels, c'est ainsi qu'ils les récompensent d'avoir si magnifiquement préparé la révolution bourgeoise du siècle dernier.

III

Jaurès dans la préface de l'*Histoire Socialiste*, dit que « la Bourgeoisie intellectuelle, offensée par une société brutale et mercantile et désenchantée du pouvoir bourgeois, se rallie au socialisme ». Malheureusement rien n'est plus inexact. Cette transformation des facultés intellectuelles en marchandises, qui aurait dû remplir de colère et d'indignation l'âme des intellectuels, les laisse indifférents. Jamais les citoyens libres des républiques antiques d'Athènes et de Rome n'auraient supporté une telle dégradation. L'homme libre qui vend son travail, dit Cicéron, s'abaisse au rang des esclaves. Socrate et Platon s'indignaient contre les Sophistes qui faisaient payer leur enseignement philosophique ; la pensée était selon eux chose trop noble pour être vendue et achetée ainsi que des carotes et des savates. Même le clergé français de 1789 ressentit, comme une mortelle insulte, la proposition de salarier le culte. Mais nos intellectuels s'accommodent de cet avilissement.

Torturés par la passion mercantile, ils ne sont jamais plus satisfaits d'eux-mêmes et de la société que lorsqu'ils parviennent à vendre à un bon prix leur marchandise intellectuelle ; ils en arrivent même à faire de son prix de vente la mesure de sa valeur. Zola, qui est un des représentants les plus distingués de l'intellectualisme littéraire, estime la valeur artistique d'un roman au nombre des éditions vendues. Vendre la marchandise intellectuelle est devenue si bien leur absorbante préoccupation que, lorsqu'on leur parle du socialisme, avant de s'enquérir de ses théories, ils demandent si dans la société socialiste le travail intellectuel sera payé et si pour sa rétribution il sera placé sur le pied d'égalité avec le travail manuel.

Imbéciles ! ils ont des yeux pour ne pas voir que c'est la Bourgeoisie capitaliste qui établit cette grossière égalité, que c'est elle qui, pour accroître sa richesse, avilit le travail intellectuel au point de le payer à un prix inférieur au travail manuel.

Il faudrait remettre, non pas à l'an deux mille, mais à la fin du monde, le triomphe du socialisme, s'il nous fallait tabler sur les délicatesses, les pudibonderies et les susceptibilités des intellectuels. L'histoire du siècle est là pour nous apprendre ce que nous devons espérer de ces messieurs.

Depuis 1789 les gouvernements les plus divers et les plus opposés se sont succédé en France, et toujours, sans hésitation, les intellectuels se sont empressés de leur apporter leurs services dévoués : je ne parle pas seulement de ces intellectuels, à quatre sous la douzaine, qui encombrent les journaux, les assemblées parlementaires, les sociétés d'Economie politique, mais des savants, des professeurs de faculté, des membres de l'Institut ; plus ils se dressaient haut dans la science et plus bas ils courbaient l'échine.

Des princes de la Science, qui auraient dû parler d'égal à égal avec les rois et les empereurs, ont monnayé leur gloire pour acheter à des ministres éphémères les places et les faveurs. Cuvier, un des plus puissants génies de l'époque moderne, que la Révolution prit dans la domesticité d'un grand seigneur, pour en faire à 25 ans un de ses professeurs du Museum, prêta serment et servit avec la même fidélité la République, Napoléon, Louis XVIII, Charles X et Louis Philippe, qui le nomma pair de France, pour récompenser sa carrière de servilité.

Se dévouer sans distinction à tous les gouvernements ne suffit pas. Pasteur mit son nom glorieux au service des financiers, qui le placèrent dans le conseil d'administration du Crédit foncier, côte à côte avec ceux de Jules Simon, de ducs et comtes, de sénateurs et députés et d'anciens ministres, pour attirer les *gogos*. Lesseps pour monter sa colossale escroquerie du Panama enrôla les intellectuels de l'Institut, de l'Académie française, de la littérature, du clergé, de tous les mondes.

Ce n'est pas dans le monde des intellectuels, avilis par un siècle d'oppression capitaliste, qu'il faut aller chercher des exemples de courage civique et de dignité morale. Ils n'ont même pas le sentiment de solidarité professionnelle. Lors de l'affaire Dreyfus, un ministre quelconque dégomma, comme un simple garde chiourme, un professeur de chimie de l'Ecole polytechnique qui avait eu l'audace rare d'exprimer publiquement son opinion. Quand dans un atelier le patron renvoie par trop arbitrairement un ouvrier, les camarades grognent et parfois quittent le travail, bien que la misère et la faim les attendent dans la rue. Tous ses collègues de l'Ecole polytechnique courbèrent la tête et se turent : chacun se terra dans sa peur égoïste ; et ce qui est plus caractéristique encore, pas un seul Dreyfusard de la Société des droits de l'homme et de la presse justiciarde n'éleva la voix pour les rappeler au sentiment de la solidarité professionnelle. Les intellectuels qui, à tout propos, font exhibition de morale transcendante, auront bien du chemin à parcourir pour s'élever jusqu'au niveau moral de la classe ouvrière et du parti socialiste.

Les savants, non seulement se sont vendus aux gouvernements et aux financiers, mais ils ont vendu la science à la Bourgeoisie capitaliste. Quand au siècle dernier il fallait préparer les têtes à la Révolution, en sapant les bases idéologiques de la société aristocratique, la science remplissait alors sa sublime mission émancipatrice, elle était révolutionnaire, elle attaquait avec fureur le christianisme et la philosophie spiritualiste : mais quand la Bourgeoisie victorieuse décida d'asseoir son pouvoir nouveau sur la religion, elle ordonna à ses savants, à ses philosophes et à ses littérateurs de relever ce qu'ils avaient renversé : ils se mirent à la besogne avec entrain.

Ils reconstruisirent ce qu'ils avaient démoli ; ils prouvèrent par raison scientifique, sentimentale et romantique l'existence de Dieu le père, de Jésus le fils et de Marie, la vierge mère. Je ne crois pas que l'histoire offre un spectacle pareil à celui que, dans les premières années du siècle, donnèrent les philosophes, les savants et les littérateurs, qui de révolutionnaires et de matérialistes se métamorphosèrent subitement en réactionnaires, en spiritualistes et en catholiques.

Ce mouvement de recul continue encore ; quand Darwin publia son *Origine des espèces*, qui enlevait à Dieu son rôle créateur dans le monde organique, comme Franklin l'avait dépouillé de sa foudre, nous avons vu les savants, grands et petits, les professeurs de faculté et les membres de l'Institut s'enrôler sous le commandement de Flourens, lui au moins avait ses 80 ans pour excuse, afin de démolir la théorie Darwinienne, qui déplaisait au gouvernement et blessait les croyances religieuses. Les intellectuels ont donné ce honteux spectacle dans la patrie de Lamark et de Geoffroy Saint-Hilaire, les créateurs de la théorie de l'évolution, que Darwin complétait et mettait à l'abri de la critique.

Si aujourd'hui que l'émoi clérical s'est un peu apaisé, les savants se risquent à professer la théorie naturaliste, qu'ils n'avaient combattue que contre leur conscience scientifique, ils la retournent contre le socialisme pour conserver les bonnes grâces des capitalistes. Herbert Spencer, Hæckel et les plus grands hommes du Darwinisme, démontrent que la classification des individus en riches et pauvres, en fainéants et travailleurs, en capitalistes et salariés est le résultat nécessaire de l'action des lois inéluctables de la nature, au lieu d'être l'accomplissement de la volonté et de la Justice de Dieu. La sélection naturelle, disent-ils, qui a hiérarchisé les organes du corps humain, a pour toujours fixé les rangs et les fonctions du corps social. Ils ont perdu, par servilité, jusqu'à l'esprit logique ; les mêmes qui s'indignent contre Aristote, qui ne pouvant concevoir l'abolition de l'esclavage, déclarait que l'esclave était marqué par la nature, ne s'aperçoivent pas qu'ils disent une semblable monstruosité quand ils affirment que la sélection naturelle assigne à chacun sa place dans la société.

Ainsi donc ce n'est plus Dieu, ce ne sont plus les religions qui condamnent les travailleurs à la misère, c'est la Science ! Il y a-t-il jamais eu banqueroute plus frauduleuse !

M. Brunetierre, un de ces intellectuels qui ne ressent pas sa dégradation et qui remplit allègrement sa tâche servile, avait raison quand il proclamait la faillite de la science. Il ne se doute pas combien colossale est cette banqueroute.

La Science, la grande émancipatrice, qui en domestiquant les forces de la nature, aurait dû affranchir l'homme du travail pour qu'il put librement développer ses facultés physiques et intellectuelles, la Science, domestiquée par le Capital, n'a su que fournir aux capitalistes des moyens pour accroître leurs richesses et pour intensifier leur exploitation de la classe ouvrière : ses applications les plus merveilleuses à la technique industrielle n'ont apporté aux enfants, aux femmes et aux hommes du prolétariat que surtravail et misère !

Les bourgeois révolutionnaires de 1789 poussèrent des cris d'horreur et d'indignation contre des seigneurs, qui pendant les chaudes nuits d'été obligeaient leurs serfs à battre les étangs situés près de leurs châteaux afin d'empêcher les grenouilles de coasser. Que diraient-ils s'ils voyaient ce que nous voyons ? — Les progrès de l'éclairage datent de la période capitaliste : à la fin du siècle dernier Argant et Carcel inventèrent la lampe à double courant d'air et à crémaillère, au commencement de celui-ci Chevreul découvrit la bougie stéarique, puis on trouva le gaz, le pétrole, la lampe électrique, ce soleil de la nuit. Quels bienfaits ont apporté à l'ouvrier ces perfectionnements scientifiques de l'éclairage? Ils ont permis aux insdustriels d'imposer le travail de nuit à des millions de prolétaires, non plus durant les nuits caniculaires et dans l'air embaumé des champs, mais durant les nuits d'été et d'hiver dans l'atmosphère empestée des fabriques et des usines. Les applications industrielles de la mécanique et de la chimie ont transformé le travail joyeux et fortifiant de l'artisan en une torture qui use et tue le prolétaire.

La science en domestiquant au service de l'homme les forces de la nature, n'aurait-elle pas dû donner des loisirs aux travailleurs pour qu'ils pussent se développer physiquement et intellectuellement ; n'aurait-elle pas dû faire de cette « vallée de larmes » un séjour de paix et de joie ? Je vous le demande, est-ce que la science n'a pas failli à sa mission émancipatrice?

L'obtus capitaliste, lui-même, a conscience de cette faillite : aussi il ordonne à ses économistes et à ses autres domestiques intellectuels de prouver à la classe ouvrière que jamais elle n'a été aussi heureuse et que son sort va s'améliorant.

Les économistes considérant que, pour mériter les bonnes grâces des capitalistes, ce n'était pas suffisant de falsifier les faits économiques, suppriment la science économique, qui devient dangereuse pour la domination du capital : depuis Adam Smith et Ricardo, ils se bornent à ressasser les mêmes erreurs sur la valeur, sur la productivité du capitaliste voleur et fainéant, à compiler des faits et à dresser des statistiques qui permettent aux capitalistes de diriger leurs spéculations ; mais ils n'osent tirer des conclusions et bâtir des systèmes avec les matériaux qu'ils ont accumulé, Quand Ricardo écrivait, les phénomènes de la production moderne commençaient leur évolution, on ne pouvait apercevoir leurs tendances communistes, on pouvait donc les étudier sans parti-pris, on pouvait faire de la science sans crainte de blesser les intérêts du capital ; mais aujourd'hui que parvenus à leur complet développement ils manifestent clairement leurs tendances communistes, les économistes se crèvent les yeux pour ne point les voir et ils partent en guerre contre les principes établis par Ricardo, qui, après avoir servi de base à l'ancienne économie bourgeoise, sont devenus les points de départ de l'économie marxiste. Faire le coup de poing contre les théories socialistes et se mettre au service des financiers, comme aboyeurs et camelots de leurs escroqueries, sont les fonctions intellectuelles des économistes ; dernièrement les propriétaires des mines d'argent les embrigadaient pour chanter les charmes du bi-métallisme, tandis que Cecil Rhodes, Barnato, Beit, voleurs et compagnie les enrôlaient pour lancer les mines d'or du Transvaal.

Les intellectuels de l'art et de la littérature, ainsi que les fous des anciennes cours féodales, sont les amuseurs de la classe qui paie ; satisfaire les goûts des capitalistes et les désennuyer, voilà toute leur préoccupation artistique. Les littérateurs sont si bien assouplis à cette besogne dégradante qu'ils ne comprennent pas l'esprit de Molière, leur grand ancêtre, dont cependant ils adorent la lettre. Molière est l'écrivain sur lequel on a le plus écrit en France : des érudits se sont dévoués à ramasser les bribes éparses de sa jeunesse errante et improvisatrice, à fixer la date et l'heure de la représentation de ses comédies ; s'ils avaient déterré une de ses crottes authentiques, ils l'auraient enchâssé dans l'or et le baiseraient dévotement ; mais l'esprit de Molière leur échappe. Vous avez, comme moi, lu bien des critiques de ses pièces, en avez-vous jamais rencontré une mettant en pleine lumière le rôle de ce belliqueux dramaturge, qui plus d'un siècle avant Beaumarchais et avant la Révolution poignarda à Versailles, en pleine cour du Roi-Soleil, la noblesse de cour et la noblesse de province, qui attaqua l'Eglise devant qui tremblait Descartes et tout le monde, qui décocha des plaisanteries contre Aristote, l'autorité incontestée de la Sorbonne, cette Eglise laïque, qui ridiculisa le Pyrrhonisme que les néo-Kantiens de nos jours opposent à la philosophie matérialiste du socialisme marxiste, mais qui alors était l'arme des catholiques, de Pascal, de Huet, l'évêque d'Avranches, pour frapper et terrasser la raison humaine, ayant l'impudence de vouloir arriver à la connaissance par ses seules forces. « Chétive, misérable raison, clamaient ces Kantiens d'avant Kant, tu ne peux rien connaître sans le secours de la foi. » Molière est unique dans la littérature moderne, il faut remonter jusqu'à l'époque athénienne, jusqu'à Aristophane, pour trouver à qui le comparer.

Si les critiques bourgeois mentionnent timidement et inintelligemment ce côté de Molière, il en est un autre qu'ils ignorent complètement. Molière fut l'homme de sa classe, le champion de la classe bourgeoise. Ainsi que les socialistes qui disent aux ouvriers : brisez avec la bourgeoisie libérale, qui vous dupe quand elle ne vous massacre pas ; il cria aux *Georges Dandins* et aux *Bourgeois gentilshommes* : fuyez les nobles comme des pestiférés, ils vous trompent, vous raillent et vous pillent !

La haute bourgeoisie capitaliste n'entend faire œuvre, ni de ses mains, ni de son cerveau, elle ne veut que boire, manger et paillarder et se prélasser dans son luxe aussi grossier qu'encombrant ; elle ne daigne même pas s'occuper de politique : les Rothschild, les Lesseps, les Vanderbilt, les Carnegie et les Rockfeller ne briguent pas les mandats électifs, ils trouvent plus économique d'acheter les élus que les électeurs et plus commode de caser leurs commis dans les ministères que de prendre part aux luttes parlementaires. Les gros capitalistes ne s'intéressent qu'aux opérations de Bourse, parce qu'elles procurent les émotions du jeu ; ils les décorent du mot pompeux de *spéculations*, autrefois réservé aux plus hautes opérations de la pensée philosophique et mathématique. Les capitalistes se font remplacer dans l'administration et la direction des grandes entreprises industrielles et commerciales par des intellectuels, qui les roulent, bien qu'ils soient d'ordinaire bien payés. Ces intellectuels de l'industrie et de la politique, qui sont des privilégiés du salariat, considèrent qu'ils font partie intégrante de la classe capitaliste, dont ils ne sont que les serviteurs ; en toute occasion ils prennent sa défense contre la classe ouvrière, dont ils sont les pires ennemis.

Cette catégorie d'intellectuels ne pourra jamais être amenée au socialisme ; leurs intérêts sont trop intimement liés à ceux de la classe capitaliste pour qu'ils s'en détachent et se retournent contre elle : mais au-dessous de ces privilégiés de l'intellectualisme, il existe une masse grouillante et famélique d'intellectuels dont le sort empire, à mesure que leur nombre s'accroît. Ces intellectuels appartiennent au socialisme. Il devraient déjà être dans nos rangs. On était en droit de supposer que leur instruction aurait du leur donner l'intelligence des problèmes sociaux et c'est précisément cette instruction qui leur obstrue l'entendement et c'est elle qui les éloigne du socialisme. Ils croient que l'instruction leur confère un privilège social, qu'elle leur permettra de se tirer d'affaire individuellement, chacun faisant tout seul son chemin dans la vie, en bousculant les voisins et en montant sur les épaules de tout le monde. Ils s'imaginent que leur misère est passagère et qu'il ne faut qu'un brin de chance pour les métamorphoser en capitalistes. L'instruction est le bon numéro de la loterie sociale, il leur fera gagner le gros lot. Ils ne s'aperçoivent pas que ce billet, donné par la classe capitaliste, est pipé, que le travail manuel ou intellectuel n'a chance que de gagner sa pitance quotidienne, qu'il n'a à espérer que d'être exploité et que plus le capitalisme ira se développant et plus les chances d'émancipation individuelle iront diminuant. Et pendant qu'ils bâtisssnt des châteaux en Espagne, le capital les broie, comme il a broyé les petits commerçants et les petits industriels, qui eux aussi pensaient qu'avec le crédit gratuit et un peu de bonheur ils pourraient devenir de bons bourgeois, dont le nom serait inscrit sur le Grand Livre de la Dette publique.

Les intellectuels, pour ce qui regarde la compréhension du mouvement social ne s'élèvent pas au-dessus du niveau intellectuel de ces petits bourgeois, que raillaient si férocement les rapins de 1830, qui, ruinés et précipités dans le prolétariat, n'en continuaient pas moins d'abominer le socialisme ; tellement leurs têtes étaient perverties par la religion de la propriété ! Les intellectuels, dont la cervelle est farcie de tous les préjugés de la classe bourgeoise, sont inférieurs à ces petits bourgeois de 1830 et 1848 qui savaient faire parler la poudre ; ils n'ont pas leur esprit de combativité, ils sont de vrais *imbéciles*, en restituant à ce mot son sens original latin, *impropre à la guerre*. Ils supportent sans se rebiffer les rebuffades et les injustices et ne songent pas à s'unir, à se syndiquer pour défendre leurs intérêts et livrer bataille économique contre le capital.

Le prolétariat intellectuel que nous connaissons est de formation récente, il s'est surtout développé dans ces quarante dernières années ; quand après l'amnistie des condamnés de la Commune, nous avons recommencé la propagande socialiste, croyant qu'il serait facile de l'entraîner dans le mouvement, nous vînmes nous loger dans son champ de culture, dans le quartier latin ; Guesde demeurait rue de la Pitié, Vaillant, rue Monge, et moi, boulevard de Port Royal. Nous avons noué des relations avec des centaines de jeunes gens, étudiant, qui le droit, qui la médecine, qui les sciences ; mais c'est sur les doigts que l'on peut compter ceux que nous avons conquis au socialisme. Nos idées les séduisaient un jour, mais le vent soufflant le lendemain d'un autre point de l'horizon faisait tourner leur cervelle.

Un honorable commerçant de Bordeaux, décoré, conseiller municipal et conservateur convaincu, disait sous l'empire à mon père, qui se tourmentait de mon socialisme :

— « Ami Lafargue, il faut que jeunesse se passe ; j'ai été socialiste ; quand j'étudiais à Paris, j'ai été affilié aux sociétés secrètes et j'ai fait partie de la manifestation qui alla demander à Louis-Philippe, la grâce de Barbès. » Les jeunes *fin de siècle* passent vite ; ils n'attendent pas d'être rentrés dans leurs foyers et de prendre du ventre pour devenir réactionnaires.

Nous avons salué avec joie la venue de Jaurès au socialisme nous pensions que la forme nouvelle qu'il apportait à la propagande le ferait pénétrer dans les milieux que nous n'avions pu entamer. Il a en effet ébranlé le milieu universitaire, et c'est en partie grâce à lui que les nourissons de l'Ecole normale ont sur le mouvement social des idées moins saugrenues et moins informes que celles dont leur science et leur intelligence s'étaient contenté jusque-là. Dernièrement, faisant bande avec les politiciens radicaux, qui avaient perdu leurs troupes ouvrières, ils ont envahi le parti socialiste. Leur âme déborde des intentions les plus pures : si leurs mœurs pacifiques les empêchent de se jeter dans la mêlée et si leur haute culture leur interdit de prendre place dans les rangs avec les camarades, ils condescendent cependant à nous enseigner la morale, à nous décrasser de notre ignorance, à nous apprendre à penser, à nous communiquer les miettes de science que nous pourrons digérer et à nous diriger ; modestement ils s'offrent à nous comme chefs de file et maîtres d'école.

Ces intellectuels qui pendant des années ont dû user des culottes sur les bans de l'Université pour devenir des forts en thème, des polisseurs de phrase, des philosophes ou des médecins, s'imaginent qu'on peut s'improviser théoriciens du socialisme au sortir d'une conférence ou de la lecture d'une brochure, parcourue d'un œil distrait. Des naturalistes à qui il a fallu de patientes études pour connaître les mœurs des moules ou des polypes alcyoniens, vivant en communauté, des bancs de corail, pensent qu'ils en savent assez pour régler les sociétés humaines et que c'est en restant perchés sur les premiers échelons de la série animale que l'on peut le mieux entrevoir l'idéal humain. Les philosophes, les moralistes, les historiens et les politiciens ont des visées tout aussi élevées ; ils apportent abondante provision d'idées et nouvelle méthode d'action pour remplacer les imparfaites théorie et tactique qui dans tous les pays capitalistes ont servi à édifier des partis socialistes nombreux, solides et disciplinés.

La lutte des classes : c'est démodé, déclarent ces professeurs de socialisme. Est-ce qu'on peut établir une ligne de démarcation entre les classes ? Est-ce que des ouvriers ne possèdent pas des livrets de caisse d'épargne de 100, 200 et 500 francs, leur rapportant des 3, 6 et 15 francs d'intérêt par an ? Est-ce que les directeurs et administrateurs des mines, des chemins de fer, des sociétés financières ne sont pas des salariés, possédant des actions et des obligations dans les entreprises qu'ils gèrent pour le compte des capitalistes ? L'argument est sans réplique ; mais à ce compte il n'y a pas de règne végétal ni de règne animal parce qu'on ne peut les séparer comme « avec une hâche », parce que, à leurs points de contact, végétaux et animaux se confondent. Il n'y a pas non plus de jour et de nuit parce que le soleil n'apparaît pas à l'horizon au même moment par toute la terre et parce qu'il fait jour aux antipodes tandis qu'il fait nuit ici.

La concentration du capital : Vieille guitare de 1850. Les sociétés par actions et obligations morcellent la propriété et la distribuent entre tous les citoyens. Que nous étions aveuglés par notre sectarisme, nous qui pensions que cette nouvelle forme de propriété, essentiellement capitaliste, permettait aux financiers de plonger leurs mains voleuses dans les plus petites bourses pour en extraire les dernières pièces de cent sous.

La misère ouvrière : mais, elle s'atténue et va bientôt disparaître par la hausse constante des salaires, tandis que l'intérêt de l'argent diminue tous les jours ; un beau matin il descendra à zéro et les bourgeois seront trop heureux d'offrir sur l'autel du socialisme leurs chers capitaux. Le capitaliste, demain ou après-demain, sera forcé de travailler, ainsi que l'a prédit M. Waldeck-Rousseau. Et ce sont des intellectuels, dont le sort empire à mesure que le capitalisme se développe, qui sont assez stultifiés par les dires des patrons pour affirmer que la position des salariés s'améliore et ce sont des intellectuels qui assurent posséder quelques notions d'économie politique, qui affirment que l'intérêt de l'argent est en pleine décroissance. Ces réformateurs du socialisme ignoreraient-ils, par hasard, que Adam Smith calculait à la fin du siècle dernier que 3 0/0 était l'intérêt normal des capitaux ne courant pas de risques et que les financiers de notre époque considèrent que c'est encore autour de 3 0/0 que doit osciller l'intérêt des placements de tout repos. S'il y a quelques années ce taux paraissait dégringoler au-dessous de 2 1/2 0/0, il s'est relevé aujourd'hui au-dessus de 3 0/0. Le capital est une marchandise, tout comme les capacités intellectuelles et les carottes ; comme telle il subit les fluctuations de l'offre et de la demande. Il était alors plus offert que demandé, tandis que depuis le développement de l'outillage industriel de la Russie, depuis l'ouverture de la Chine à l'exploitation européenne etc., la surabondance du capital a été absorbé et son prix hausse avec sa rareté. Mais les intellectuels en *us* ont trop de riens à penser et trop d'harmonieuses phrases à équilibrer pour songer aux phénomènes économiques. Ils prennent pour argent comptant les fariboles intéressées des capitalistes et répètent avec conviction les vieilles rengaines de l'Eglise économique orthodoxe : il n'y a plus de classes, les richesses se distribuent de plus en plus équitablement, les ouvriers s'enrichissent et les rentiers s'appauvrissent et la société capitaliste est la meilleure des sociétés possibles ; il n'y a que des sectaires et des mystiques qui puissent nier ces vérités éclatantes comme des soleils.

Ces intellectuels entendent modifier la tactique aussi bien que les théories du parti socialiste ; ils veulent lui imposer une nouvelle méthode d'action. Ce n'est plus conquérir les pouvoirs publics de haute lutte, légale ou révolutionnaire qu'il faut, mais se laisser conquérir par tous les ministères de concentration républicaine ; ce n'est plus opposer le parti socialiste à tous les partis bourgeois, qu'il faut, c'est le mettre au service du parti libéral ; ce n'est plus l'organiser pour la lutte de classe, qu'il faut, mais le tenir prêt à toutes les compromissions politiciennes. Et pour que la nouvelle méthode d'action triomphe, ils se proposent de désorganiser le parti socialiste, de briser ses anciens cadres et de démolir les organisations, qui depuis 20 ans travaillent à donner aux ouvriers conscience de leurs intérêts de classe et à les grouper en parti de lutte économique et politique.

Mais les intellectuels en seront pour leurs frais, ils n'ont réussi jusqu'ici qu'à resserrer les liens qui unissaient les socialistes des différentes organisations et qu'à se couvrir de ridicule.

IV

Les intellectuels de toutes les catégories auraient dû être les premiers à se révolter contre la société capitaliste, dans laquelle ils occupent une position subalterne, si peu en rapport avec leurs espérances et leurs talents : mais ils ne le comprennent même pas ; ils en ont une intelligence si confuse que Auguste Comte, Renan et bien d'autres plus ou moins célèbres ont rêvé de reconstituer à leur profit une aristocratie, calquée sur le modèle du mandarinat chinois. C'est le passé qui prolonge son reflet dans leurs têtes ; car rien n'est en plus absolue opposition avec le mouvement social moderne qu'une telle prétention. Les intellectuels dans les sociétés précédentes formaient un monde en dehors et au-dessus de celui de la production, n'ayant charge que de l'éducation, de la direction religieuse et de l'administration politique.

L'industrie artisane de ces sociétés combinait dans le même producteur le travail manuel et le travail intellectuel: c'était, par exemple le même ouvrier ébéniste, qui concevait et exécutait le meuble, qui en achetait la matière première et qui même s'occupait de sa vente. La production capitaliste a dissocié les deux fonctions, autrefois indissolublement unies: d'un côté elle met les travailleurs manuels, qui de plus en plus deviennent des servants de machine et de l'autre les travailleurs intellectuels (ingénieurs, chimistes, administrateurs etc.). Mais ces deux catégories de travailleurs, quelque différents et contraires qu'ils soient par leur éducation et leurs mœurs, sont soudés ensemble, au point qu'une industrie capitaliste ne peut fonctionner pas plus sans ouvriers manuels que sans salariés intellectuels.

Unis dans la production et unis sous le joug de l'exploitation capitaliste, unis encore ils doivent être dans la révolte contre l'ennemi commun. Les intellectuels, s'ils avaient l'intelligence de leurs propres intérêts viendraient en foule au socialisme, non par philanthropie, par pitié des misères ouvrières, par affectation et snobisme, mais pour se sauver eux-mêmes, pour assurer le sort de leurs femmes et de leurs enfants, pour remplir leur devoir de classe. Ils devraient être honteux de s'être laissés devancer dans la bataille sociale par leurs camarades de la catégorie manuelle. Ils ont bien des choses à nous enseigner, mais ils en ont beaucoup à apprendre d'eux : les ouvriers ont un sens pratique supérieur au leur, et ils ont fait preuve d'une intuition instinctive des tendances communistes de la production capitaliste, qui leur fait défaut et ce n'est que par un effort intellectuel conscient qu'il leur est permis d'arriver à cette conception. Si seulement ils avaient compris leurs propres intérêts, il y a longtemps qu'ils auraient retourné contre la classe capitaliste l'instruction qu'elle leur a si généreusement distribué pour mieux les exploiter et qu'ils auraient utilisé leurs capacités intellectuelles, qui enrichissent leurs maîtres, comme autant d'armes perfectionnées pour les combattre et pour conquérir l'émancipation de leur classe, la classe salariée.

La production capitaliste qui a bouleversé les anciennes conditions de vie et de travail, en élabore de nouvelles, que déjà, sans être devin, on peut entrevoir, mais qui restent scellées sous sept sceaux pour les intellectuels. Une des lumières de l'intellectualisme, M. Durkheim, dans son bouquin, *La division du travail*, qui a eu du retentissement dans les milieux universitaires, ne peut concevoir la société que sur le patron social de l'antique Egypte, chaque travailleur restant, sa vie durant, parqué dans un seul et même métier. Cependant, à moins d'avoir le malheur d'être affecté de la désespérante myopie de l'Ecole Normale, on ne peut s'empêcher de voir que la machine supprime les métiers, les uns après les autres, pour n'en laisser subsister qu'un seul, le métier de mécanicien ; et que lorsqu'elle aura terminée son œuvre révolutionnaire que les socialistes compléteront en révolutionnant la base propriétaire de la société capitaliste, le producteur de la société communiste labourera et sèmera à la machine aujourd'hui, filera, tournera le bois ou rabotera l'acier demain et exercera tour à tour les métiers les plus divers au grand profit de sa santé et de son intelligence.

Les applications industrielles des sciences mécaniques, chimiques et physiques, qui, accaparées par le Capital, martyrisent le travailleur, dès qu'elles seront propriété commune émanciperont l'homme du travail et lui donneront des loisirs et la liberté.

La production mécanique, qui sous la direction capitaliste ne sait que ballotter le salarié des périodes de surtravail aux périodes de chômage, développée et réglementée par une administration communiste, n'exigera du producteur pour pourvoir aux besoins normaux de la société, qu'une présence maximum de 3 ou de 2 heures sur le chantier du travail ; ce temps social de travail nécessaire rempli, il pourra librement jouir des plaisirs physiques et intellectuels de la vie.

L'artiste alors peindra, chantera, dansera, l'écrivain écrira, le musicien composera des opéras, le philosophe bâtira des systèmes, le chimiste analysera les corps non pour gagner de l'argent, pour recevoir un salaire, mais pour mériter des applaudissements, pour conquérir des couronnes de laurier, comme les vainqueurs des Jeux Olympiques, mais pour satisfaire leur passion artistique et scientifique, car on ne boit pas un verre de champagne et on n'embrasse pas une femme aimée pour la galerie. L'artiste et le savant pourront alors répéter les enthousiastes paroles de Kepler, ce héros de la science : « l'Electorat de Saxe avec toutes ses richesses ne vaut pas le plaisir que j'ai ressenti en composant le *Mysterium Cosmographicum.* »

Les intellectuels finiront-ils par entendre la voix des socialistes les appelant à la rescousse pour affranchir la science et l'art du joug capitaliste, pour libérer la pensée de l'esclavage du Salariat ?

Laval. — Imprimerie Parisienne, L. BARNÉOUD et Cie.

www.ingramcontent.com/pod-product-compliance
Ingram Content Group UK Ltd.
Pitfield, Milton Keynes, MK11 3LW, UK
UKHW022156190726
13855UKWH00004B/1509